CŒLINA,

OU

L'ENFANT DU MYSTÈRE,

DRAME EN TROIS ACTES,

EN PROSE ET A GRAND SPECTACLE;

PAR R. C. GUILBERT-PIXERÉCOURT.

Représenté, pour la première fois, sur le théâtre de l'Ambigu-Comique, le 15 fructidor an VIII.

A PARIS,

Chez BARBA, Libraire, Palais-Égalité, Galerie derrière le théâtre de la République.

AN NEUVIÈME. — 1800.

PERSONNAGES.   ACTEURS.

DUFOUR, *vieillard goutteux et infirme, père de*
Stéphany,   DUMONT.

TRUGUELIN, *oncle de Cœlina,*   TAUTIN.

FRANCISQUE, *pauvre homme, muet,*   BOICHERESSE.

CŒLINA, *crue nièce de Dufour,*   Mlle. L'EVESQUE.

STEPHANY, *fils de Dufour et amant de Cœlina,* JOLIVET.

ANDREVON, *médecin,*   LEBEL.

TIENNETTE, *ancienne gouvernante de Dufour,* Mde. CORSSE.

FARIBOLE, *domestique de Dufour,*   PLATEL.

MICHAUD, *meûnier.*   RAFFILE.

GERMAIN, *domestique et confident de Truguelin,* MARTIN.

UN EXEMPT *de maréchaussée,*   DUPUIS.

CAVALIERS *de maréchaussée.*

PAYSANS ET PAYSANNES.

La Scène est en Savoie.

Les deux premiers actes se passent à Sallenche, chez M. Dufour, et le troisième au pied du rocher d'Arpennaz, situé à une lieue de Sallenche.

CŒLINA,

OU

L'ENFANT DU MYSTÈRE.

ACTE PREMIER.

Le théâtre représente une salle basse de la maison de Dufour, donnant sur le jardin. Une porte de fond : deux portes latérales : une table, des sièges. A gauche du devant, un grand fauteuil à bras. Il est sept heures du soir; il y a deux flambeaux allumés sur la table.

SCENE PREMIERE.

CŒLINA, TIENNETTE.

(Tiennette traverse rapidement la salle, Cœlina entre par la porte du fond et l'arrête.)

CŒLINA.

OU cours-tu donc si vite, ma bonne Tiennette ? tu parois bien pressée.

TIENNETTE.

Dieu merci, quoique la besogne ne manque point dans cette maison, il vient de m'en arriver un surcroît dont je me serois bien passée.

CŒLINA.

Qu'est-ce donc ?

TIENNETTE.

Ne faut-il pas préparer un appartement pour M. Truguelin et son fils ?

CŒLINA.

Est-il possible ! mon oncle et mon cousin reviennent ici ?

4 CŒLINA,

TIENNETTE.

On les attend ce soir ou demain.

CŒLINA.

J'en suis bien fâchée!

TIENNETTE.

A dire vrai, je ne suis pas plus contente que vous. Ils me déplaisent à moi, ces Truguelins, je les crois jaloux, faux et méchans. Quelle différence entre cet oncle-là, et ce bon M. Dufour, votre oncle paternel!

CŒLINA.

Et entre mes deux cousins! Je crois qu'elle est encore plus grande, car je déteste l'un, bien sincèrement, tandis...

TIENNETTE, souriant.

Que vous aimez l'autre, plus sincèrement encore, n'est-ce pas?

CŒLINA.

Tu sais s'il le mérite, ma bonne Tiennette.

TIENNETTE.

Ce n'est pas, parce que je l'ai vu naître, ce cher Stephany; mais c'est bien le meilleur enfant que je connoisse, et je suis sûre qu'il rendra sa femme heureuse.

CŒLINA, vivement et avec naïveté.

N'est-ce pas? je l'ai toujours pensé comme toi.

TIENNETTE.

Oui da! vous pensez donc à cela quelquefois?... Il n'est pas encore tems, mademoiselle, vous êtes trop jeune... Ce n'est pas à votre âge qu'on doit. Ce n'est pas l'embarras, je crois que, si M. Dufour n'étoit pas votre tuteur, il ne seroit point éloigné de vous marier au petit cousin.

CŒLINA, vivement.

Tu crois, Tiennette?

TIENNETTE.

J'en suis sûre. Vous entendez bien qu'il n'est pas moins clairvoyant qu'un autre, et qu'il n'en est point à s'apercevoir que vous vous aimez. Mais dam! les convenances... la délicatesse... il craint qu'on ne dise dans le pays qu'il a profité de l'ascendant qu'il avoit sur vous pour enrichir son fils... C'est tout simple ça, je me mets à sa place... et quand on est honnête et délicat...

CŒLINA.

Tiennette, je me charge de détruire ses scrupules à cet égard; je refuserai tous les partis qui se présenteront; je dirai à mon oncle que Stephany est le seul que j'aime, que je puisse aimer; et je lui offrirai moi-même mon cœur et ma fortune...

TIENNETTE.

Laissez faire votre tuteur, et soyez sûre que...

DUFOUR, en dehors.

Tiennette! Tiennette!

T I E N N E T T E.

Je l'entends qui m'appelle. Sans doute il veut prendre le frais dans cette salle. Je vous quitte.

C Œ L I N A.

Un moment, Tiennette.

T I E N N E T T E.

Je ne puis. Quand sa goutte le tourmente, vous savez que le cher homme n'est point endurant.

D U F O U R, *en dehors.*

Tiennette!

T I E N N E T T E.

J'y vais, monsieur. (*Elle jette un coup-d'œil du côté du jardin.*) Consolez-vous, mon enfant, voilà Stephany qui revient de la chasse, il vous tiendra compagnie. Vous ne perdrez pas au change, n'est-il pas vrai ? Je suis sûre qu'à présent vous ne voudriez pas de moi, quand je vous proposerois de rester.

C Œ L I N A.

Tu sais, ma bonne Tiennette, que je n'ai pas un secret, une pensée qui ne t'appartienne.

D U F O U R, *en dehors.*

Tiennette!

T I E N N E T T E.

Me voilà, monsieur.

(*Elle sort.*)

S C E N E I I.

C Œ L I N A, S T E P H A N Y.

S T E P H A N Y *entre un fusil sous le bras ; il le pose dans le fond de la chambre.*

Bonsoir, petite cousine.

C Œ L I N A.

Bonsoir, Stephany.

S T E P H A N Y.

Qu'as-tu donc, Cœlina ? d'où vient que la tristesse est empreinte sur ton front ?

C Œ L I N A.

Je te l'avouerai, mon ami, l'arrivée de mon oncle Truguelin m'afflige.

S T E P H A N Y.

M. Truguelin ici!

C Œ L I N A.

On l'attend.

S T E P H A N Y.

Quand?

CŒLINA.

Ce soir ou demain.

STEPHANY.

Vient-il seul ?

CŒLINA.

Son fils l'accompagne.

STEPHANY.

Marcan avec lui ! Sais-tu ce qui les amène ?

CŒLINA.

Non.

STEPHANY.

Je le soupçonne. Sans doute, il s'agit de mariage.

CŒLINA.

De mariage ! ô ciel !

STEPHANY.

Oui, je les connois : ils sont ambitieux, avares. Ils savent que tes parens t'ont laissé de grands biens ; que mon père qui régit pour toi ce riche héritage peut seul disposer de ta fortune, de ta main ; ils viennent ici demander l'une et l'autre, et mon père qui les aime sera assez foible pour te sacrifier à leur cupidité.

CŒLINA.

Pourquoi penses-tu que ce seroit me sacrifier ?...

STEPHANY, *de même.*

Pardon, Cœlina, ce mot m'est échappé sans le vouloir. (*Avec contrainte.*) En effet, il est possible que vous aimiez Marcan, et que ce soit pour vous un bonheur de l'épouser.

CŒLINA.

Méchant ! peux-tu me railler aussi cruellement ?

STEPHANY, *de même.*

Ai-je le droit de vous aimer autrement que comme une parente, et dois-je prétendre au bonheur de devenir votre époux, quand je songe à l'énorme distance qu'il y a entre la fortune de mon père et la vôtre ?

CŒLINA, *avec un peu d'humeur.*

Vous calculez, Stephany !... Oh oui... Vous avez raison. Vous ne m'aimez que comme une parente.

STEPHANY.

Tu connois bien peu mon cœur !

CŒLINA.

Tu juges bien mal le mien !

STEPHANY.

Que je hais ce Marcan ! que je lui en veux de venir troubler la paix dont nous jouissions.

CŒLINA.

Si l'annonce de son arrivée a pu nous affliger ainsi, que sera-ce donc quand il habitera cette maison ? Oh, j'en frémis d'avance !

STEPHANY.

Pourquoi ces pressentimens ?...

CŒLINA.

Chaque fois qu'il est question de ces hommes que je crains sans que j'en puisse démêler la cause, les dernières paroles de ma mère se présentent à ma mémoire. Mon enfant, me dit-elle, avant de mourir : donne toute ta tendresse à ton oncle Dufour ; il en est digne, et fera ton bonheur. Méfie-toi des Truguelin, ils sont capables de tout...

STEPHANY.

Loin de nous, Cœlina, ces idées sombres et sinistres, espérons tout de l'avenir, de la bonté d'un père, et tâchons de retrouver cette douce sérénité, cette gaîté franche qui ce matin encore faisoient notre bonheur.

CŒLINA.

Tu as raison.

DUFOUR, *en dehors.*

Je vous dis, Tiennette, que cela sera.

STEPHANY.

J'entends, mon père.

CŒLINA.

Comme il parle haut.... On diroit qu'il est fâché.

SCENE III.

LES PRÉCÉDENS, DUFOUR, TIENNETTE.

TIENNETTE *soutenant Dufour qui vient s'asseoir dans le grand fauteuil.*

Allez, monsieur, il y a de l'inhumanité dans ce que vous m'ordonnez !... Et je vous jure que je ne me prêterai jamais à une pareille injustice.

DUFOUR.

Je vous dis que je le veux. Vous allez voir que je ne serai pas le maître chez moi.

TIENNETTE.

Non, monsieur, non, tant que j'y serai, vous ne serez pas le maître de faire une mauvaise action.

CŒLINA.

Quel est donc le sujet de votre querelle ?

TIENNETTE.

C'est monsieur qui veut que je renvoie de la maison ce pauvre homme qui est ici depuis huit jours, sous prétexte que la chambre qu'il occupe est nécessaire à M. Truguelin!..

CŒLINA.

Ah, mon oncle, il paroît bien honnête!..

STEPHANY.

Mon père, il est bien malheureux...

DUFOUR.

Oui, par sa faute, comme il y en a tant! Je voudrois bien savoir quel intérêt vous prenez tous à un mendiant que vous ne connoissez pas plus que moi, et qui a abusé de ma sensibilité pour s'introduire ici et s'y établir?

CŒLINA.

Celui qu'inspire le malheur. . . .

TIENNETTE.

Quel intérêt, monsieur? celui que je prends à tous les infortunés. Je ne sais qui il est, cet homme; j'ignore jusqu'à son nom; mais il a une physionomie si douce, des yeux où se peignent si bien la candeur de son ame, un maintien si décent, il jette sur moi des regards si expressifs... qu'on ne peut s'y méprendre. . . . Oui, monsieur, je me connois en physionomie, je vous réponds que c'est un honnête homme et qu'il a éprouvé de grands malheurs.

DUFOUR.

Qui te l'a dit?

TIENNETTE.

A coup sûr, ce n'est pas lui, puisqu'il est muet; mais sa profonde tristesse, les traces de la douleur empreintes sur son front, tout me l'assure.

DUFOUR.

Tu es folle.

TIENNETTE.

Oh, voilà comme vous êtes, monsieur; vous vous prévenez injustement contre les uns, tandis que vous vous passionnez pour d'autres qui... Mais ce n'est pas là ce dont il s'agit... Je vous déclare que je sortirai de chez vous plutôt que d'en voir renvoyer cet indigent.

DUFOUR.

Vous abusez de ma patience et de mon amitié pour vous, Tiennette; mais je ne souffrirai pas que personne fasse ici la loi, et s'oppose à mes volontés... entendez-vous?

TIENNETTE.

Ah! monsieur, si vous aviez été comme moi témoin des pleurs que la situation de ce malheureux fit répandre, il y a sept à huit ans, dans les environs de Sallenche, vous ne pourriez vous défendre d'un certain intérêt en sa faveur, et ne voudriez point le désespérer en le chassant ignominieusement de chez vous.

DUFOUR.

Tu ne m'avois pas dit cela.

TIENNETTE.

Comment, monsieur; vous ne vous souvenez pas...

DUFOUR.

Non, sans doute.

TIENNETTE.

TIENNETTE.

Oh ! je veux vous la raconter cette funeste aventure, et je suis sûre qu'elle vous intéressera.

DUFOUR.

Parle, mon enfant, je t'écoute.

TIENNETTE.

Je revenois un soir de Chambéry, où vous m'aviez envoyée, et m'étois assise un moment au pied du rocher d'Arpennaz, l'a tout près du petit moulin, lorsque des cris aigus viennent frapper mon oreille. Deux hommes armés et couverts de sang sortent du bois, passent en fuyant près de moi, traversent l'ouverture pratiquée dans le roc, et disparoissent à ma vue. Bientôt des gémissemens sourds, et qui semblent partir de la forêt, m'avertissent que leur victime n'est point éloignée. La pitié l'emporte sur mon effroi. Je me lève ; j'entre dans le bois, et ne tarde point à trouver étendu, sur la terre, un homme défiguré et couvert de son sang. Je lui parle, il ne peut me répondre ; les monstres l'ont privé de l'organe de la parole, il ne peut que gémir, et me tendre une main défaillante, qui semble implorer mon secours.

CŒLINA.

L'infortuné !

TIENNETTE.

Ne pouvant lui donner seule les soins qu'il réclamoit, je fis retentir la forêt de mes cris, et vis bientôt accourir vers moi quelques montagnards, qui s'empressèrent d'étancher le sang de ce malheureux, et le transportèrent au moulin, où il fut reçu avec le plus touchant intérêt, par l'honnête Michaud, que vous connoissez, monsieur, et où on lui prodigua les secours nécessaires.

DUFOUR.

Pauvre homme !

TIENNETTE.

Jugez de ma surprise lorsque je rencontrai, il y a huit jours, cet infortuné couvert de haillons, et me demandant de pourvoir à sa subsistance par une légère aumône. Je lui témoignai mon étonnement, il parut me reconnoître, et je vis éclater la joie sur son front décoloré. Je vous demandai, monsieur, de lui accorder un asile pour quelques jours, vous y consentîtes ; car, malgré ce dehors brusque et quelquefois repoussant, vous avez un bon cœur ; et c'est ce même homme que vous voulez chasser aujourd'hui ! Non, monsieur, vous ne persisterez point dans cette résolution cruelle ; si mes efforts et mes prières ne peuvent rien sur vous, eh bien ! je prendrai sur mes gages pour lui louer un petit logement, je partagerai ma

B

nourriture avec lui. Par ce moyen nous serons satisfaits tous deux, vous n'aurez plus sous les yeux un infortuné dont l'aspect vous fatigue, et moi j'aurai la consolation d'avoir, par un léger sacrifice, arraché un malheureux à l'opprobre et au désespoir.

CŒLINA.

Mon oncle, prenez pitié de lui.

STÉPHANY.

Encore quelques jours, mon père.

DUFOUR.

Mais enfin où couchera-t-il pendant que messieurs Truguelin seront ici ?

TIENNETTE.

Sur cette bergère : il s'y trouvera à merveille.

DUFOUR.

A la bonne heure.. tu sais bien, Tiennette, que je ne veux chagriner personne ; dis à cet indigent qu'il se rassure, et que je le garde encore pendant quelque tems.

TIENNETTE.

Comme il va vous bénir !

DUFOUR.

Ce que tu m'en as dit pique ma curiosité ; je serois bien aise de le voir, et d'apprendre par lui la cause de ses malheurs. Sait-il écrire ?

TIENNETTE.

Oui, monsieur.

DUFOUR.

Je veux qu'il m'écrive ses aventures. S'il est honnête homme... nous verrons. Fais le venir.

TIENNETTE.

(A part.) Enfin j'ai réussi. (Haut.) Je vous l'amène à l'instant.

(Elle sort.)

SCENE IV.

LES PRÉCÉDENS, excepté TIENNETTE.

DUFOUR.

Eh bien, vous voilà tous contens, n'est-ce pas ?

STÉPHANY.

Vraiment, mon père, cet indigent mérite ce que vous faites pour lui. J'ai appris de vous à me méfier de cette espèce d'hommes, mais celui-là commande la compassion, et je vous avoue qu'il m'inspire le plus vif intérêt.

CŒLINA.

Tiennette a raison, et je répondrois que c'est un honnête homme.

STEPHANY.

Il a pour ma cousine mille prévenances, mille soins délicats.

DUFOUR.

En vérité ?

CŒLINA.

Oui, mon oncle, tous les matins, en sortant de ma chambre, je le trouve assis près de la porte, et tenant un bouquet qu'il m'offre d'une main tremblante et avec la plus touchante expression.

DUFOUR.

C'est fort bien.

CŒLINA.

Souvent je le vois me fixer en cherchant à lire dans mes yeux ce qui m'occupe ou m'intéresse. Quand il croit l'avoir deviné, il me quitte et revient bientôt m'apporter ce qu'il suppose l'objet de mes desirs. Lorsqu'il a réussi, la joie la plus vive brille dans ses yeux ; il semble tout fier d'avoir pénétré ma pensée, et me demande d'un air suppliant, de lui permettre de baiser ma main qu'il baigne de ses larmes. O mon oncle ! on ne peut être un méchant homme avec un si bon cœur.

STÉPHANY.

De plus, il possède des talens qui prouvent qu'il n'est point né dans l'état abject où il est réduit.

DUFOUR.

Il a des talens, dis-tu ?

CŒLINA.

Oui, mon oncle ; il dessine à merveille.

DUFOUR.

Je suis bien aise d'apprendre tous ces détails ; mais encore faut-il savoir qui l'on a chez soi.

STÉPHANY.

Je crois que le voici.

CŒLINA.

Oui.

SCENE V.

LES PRÉCÉDENS, FRANCISQUE, TIENNETTE.

Francisque s'avance lentement et d'un air timide.

DUFOUR, *à Francisque.*

APPROCHE, mon ami, ne crains rien. Tiennette, reste là ; si je n'entends pas bien ses gestes, tu me les expliqueras. Assieds-toi, brave homme ; j'aime ta physionomie : elle prévient en ta faveur. Mes enfans, laissez-nous ; votre présence pourroit le gêner.

(*Stephany et Cœlina font un mouvement pour sortir ; Francisque se lève précipitamment, les prend par la main, et les ramène à leur place, en les priant d'y rester.*)

D U F O U R,

Allons, restez, puisqu'il le veut. Mon ami, voilà une plume et de l'encre ; approche-toi de cette table, et tu me répondras par écrit, quand tu ne pourras le faire autrement ; mais sur-tout dis-moi la vérité.

(*Francisque témoigne qu'il est incapable de mentir.*)

D U F O U R.

Comment te nommes-tu ?

(*Francisque écrit, et Tiennette placée derrière lui lit à haute voix.*)

T I E N N E T T E.

Francisque Humbert.

D U F O U R.

Quel est ton âge ?

T I E N N E T T E.

Quarante ans.

D U F O U R.

Qui a causé tes malheurs ?

T I E N N E T T E.

L'amour et l'ambition.

D U F O U R.

Tu aimois et tu étois ambitieux ?

T I E N N E T T E.

Non pas moi, mais un homme cruel à qui je dois tous mes maux.

D U F O U R.

Tiennette m'a raconté qu'elle t'avoit trouvé un jour près du moulin d'Arpennaz, percé de coups et baigné dans ton sang...

T I E N N E T T E.

C'est vrai.

D U F O U R.

Quels sont les monstres qui t'ont réduit en cet état ? les connois-tu ?

F R A N C I S Q U E *fait un geste affirmatif.*

D U F O U R.

Nomme-les.

T I E N N E T T E.

Je ne le puis, sans faire le malheur de tous ceux qui me sont chers. (*Francisque jette un regard expressif sur Cœlina.*)

D U F O U R.

Pourquoi ce monstre ?

T I E N N E T T E.

Le tems vous l'apprendra.

DUFOUR.

Tes persécuteurs....

TIENNETTE.

Dites mes assassins.

DUFOUR.

Sont-ils de ce pays?

FRANCISQUE *fait un geste affirmatif.*

DUFOUR.

Dans quelle classe de la société ?...

TIENNETTE.

Riche.

DUFOUR.

(*A part.*) Il m'étonne (*Haut.*) Sont-ils considérés ?

TIENNETTE.

Que trop.

DUFOUR.

Penses-tu qu'ils me soient connus ?

TIENNETTE.

Beaucoup.

DUFOUR.

Quelle énigme!... explique-toi plus clairement, je le veux, je l'exige, ou je ne te garde pas plus long-tems chez moi...

SCENE VI.

LES PRÉCÉDENS, FARIBOLE, *puis* TRUGUELIN.

FARIBOLE.

Monsieur, je vous annonce l'arrivée de M. Truguelin.

CŒLINA.

Mon oncle !

STÉPHANY.

Déjà ?

DUFOUR.

Où est-il ?

FARIBOLE.

Il me suit.... le voilà.

Au mot de Truguelin, Francisque s'est levé avec effroi, et s'est élancé vers la porte ; mais comme il va pour sortir, il se trouve en face de Truguelin, qui recule de quelques pas, et paroît frappé de terreur. Francisque détourne la vue et sort précipitamment.

DUFOUR.

Où va-t-il donc ?... et quel est ce vertige ?.... cours après, Tiennette, et ramène-le.

TIENNETTE.

J'y vais, monsieur. (*Elle sort avec Faribole.*)

STÉPHANY.

Et moi aussi, mon père. (*à part.*) Que je hais ce Truguelin ! (*Il sort.*)

SCENE VII.

DUFOUR, TRUGUELIN, CŒLINA.

TRUGUELIN *s'est remis promptement, et s'approchant de Dufour, lui dit avec un ton affectueux :*

Bon soir, M. Dufour. Il me tardoit depuis long-tems de
vous voir, de connoître par moi-même l'état de votre santé...
Elle me paroît meilleure ; je vous en félicite. Embrassez-moi,
ma nièce... (*Il l'embrasse.*) Elle est charmante !... Vraiment,
M. Dufour, c'est tout le portrait de votre frère.

DUFOUR.

On trouve, au contraire, qu'elle ressemble beaucoup à sa
mère...

TRUGUELIN.

A ma sœur !... je ne suis pas de cet avis... mais qu'importe...
elle est à merveille... et mon fils le sait bien...

DUFOUR.

Où donc est-il, monsieur votre fils ?... est-ce qu'il ne vous
a point accompagné ?

TRUGUELIN.

Il est resté à Genève pour faire quelques emplettes qu'il
destine à sa cousine... mais je pense qu'il sera ici dans deux
jours au plus tard. Je n'ai amené avec moi que mon fidèle
Germain.

DUFOUR.

Asseyez-vous, M. Truguelin.

TRUGUELIN.

Volontiers. Aussi bien ai-je à vous parler de la grande affaire dont je vous entretins lors de mon dernier voyage ici, il y
a huit ans.

CŒLINA.

Je me retire, mon oncle.

DUFOUR.

Va, mon enfant.

CŒLINA, *à part.*

O Dieu ! ne permets pas que je sois séparée des objets qui
me sont chers.   (*Elle sort, après avoir embrassé Dufour.*)

SCENE VIII.

DUFOUR, TRUGUELIN.

DUFOUR.

Nous sommes seuls.

TRUGUELIN.

Vous savez, monsieur, combien je fus attaché à ma sœur.

cette pauvre Isoline, qui eut l'honneur d'épouser M. le baron des Echelettes, votre frère. Un contrat bizarre scella cette union qui pouvoit devenir fatale pour ma sœur, si l'hymen n'eût pas donné une fille à votre frère. Cœlina vit le jour et perdit quelques années après ses père et mère, qui lui laissèrent un héritage considérable. Vous eûtes la bonté de vous charger de la gestion de ses biens et de l'éducation de l'enfant....

DUFOUR.

Qui a répondu à mes soins au-delà de toute attente.

TRUGUELIN.

Pouvoit-on faire pour elle un choix plus avantageux?... Vous seul avez le droit de disposer de sa main, et si j'ose aujourd'hui vous la demander pour mon fils, ne croyez pas que le desir de partager les biens de cette riche orpheline ait dirigé ma démarche. C'est que je sais, à n'en pas douter, que ces jeunes gens ressentent l'un pour l'autre, depuis l'enfance, une tendresse réciproque. Mon fils, surtout, aime sa cousine avec une véritable passion : pendant le cours de nos voyages, il n'a cessé de me parler d'elle; je lui ai promis de venir vous la demander, et j'espère ne point vous trouver contraire à un hymen qui comble les vœux de ma sœur, les miens et qui doit faire le bonheur de ces deux enfans.

DUFOUR.

Monsieur, l'alliance que vous me proposez pour ma pupille, n'a rien dont je ne doive être flatté. Les rapports de fortune, les convenances sociales s'y trouvent également observés; mais vous me permettrez de ne point en croire aveuglément ce que vous me dites de l'inclination réciproque de ces jeunes gens. L'amitié que j'ai pour Cœlina, la tendresse dont elle me donne chaque jour de nouvelles preuves, me prescrivent impérieusement de ne lui faire contracter aucun engagement sans une entière liberté de sa part.

TRUGUELIN.

N'avez-vous pas sur elle des droits?...

DUFOUR.

Je n'en veux avoir que sur son cœur...

TRUGUELIN.

Il me semble cependant... que vous pourriez...

DUFOUR.

La contraindre? Jamais. Je sais trop que la violence n'est propre qu'à nous faire haïr.

TRUGUELIN.

Ainsi donc vous me refusez?

DUFOUR.

Non, monsieur, je diffère seulement ma réponse jusqu'à ce que les sentimens de Cœlina me soient parfaitement connus. Monsieur votre fils arrive dans deux jours, j'aurai bientôt lu dans le cœur de ma nièce, et soyez sûr que rien ne pourra différer son bonheur dès que je serai convaincu qu'il tient à cette union. La voici, changeons de discours.

SCENE IX.
Les mêmes, CŒLINA.
TRUGUELIN.

Que nous veut mon aimable nièce ?

CŒLINA, *à Dufour.*

Je vous apporte, mon oncle, une lettre dont l'indigent vient de me charger pour vous.

TRUGUELIN, *avec indifférence.*

Qui ? cette espèce d'imbécille que j'ai rencontré en entrant ici ? A propos, M. Dufour, j'avois oublié de vous demander ce que vous faites chez vous d'un homme de cette espèce.

CŒLINA *piquée.*

Un homme de cette espèce est souvent plus estimable qu'un autre.

TRUGUELIN, *froidement.*

C'est à monsieur que je m'adresse, ma nièce.

DUFOUR.

C'est un malheureux que Tiennette a recueilli ; il étoit sans asile, sans secours, et j'ai consenti qu'il restât quelque tems ici. Lorsque vous êtes arrivé il me faisoit part de ses aventures.....

TRUGUELIN.

Oh ! ces drôles-là ne manquent jamais de moyens pour abuser de la compassion des hommes, qui sont, comme vous, sensibles et hospitaliers Quant à moi, je n'en écoute aucun.

DUFOUR.

Je m'en méfie comme vous. Mais les aventures de celui ci sont vraiment de nature à intéresser. Figurez-vous que ce malheureux, privé de la parole et couvert de cicatrices, a été ainsi mutilé, il y a quelques années, à une lieue d'ici, auprès du moulin d'Arpennaz... Vous connoissez peut-être cet endroit....

TRUGUELIN *se troublant.*

Oui.... Je le connois.... Et nomme-t-il...

DUFOUR.

Qui ? les monstres qui l'ont réduit en cet état ?... Non. Il les connoît cependant....

TRUGUELIN, *d'un air contraint et avec un faux intérêt.*

Ah ! il les connoît.

DUFOUR.

Et ce qui vous paroîtra bien singulier, c'est qu'il assure que ce sont des personnes fort considérées dans ce pays... Mais je m'amuse à vous conter tout cela comme si vous deviez y prendre quelqu'intérêt....

TRUGUELIN.

T R U G U E L I N, *s'efforçant de se remettre de son trouble.*

En effet, j'en prends plus que vous ne pouvez le croire. Il suffit qu'il vous paroisse mériter quelqu'estime, pour qu'il ait des droits à la mienne

D U F O U R.

Voyons ce qu'il m'écrit.

T R U G U E L I N.

Si vous m'en croyez, vous ne lirez point cette lettre. Ce sont sans doute de nouvelles plaintes, des demandes indiscrettes, car ces gens-là ne sont jamais contens de ce qu'on fait pour eux, ou quelque nouveau récit de ses malheurs. A quoi bon vous remplir la tête de ces contes mensongers ? Suivez en sa faveur votre inclination généreuse ; mais n'excitez point mal à propos votre sensibilité au point d'en altérer votre repos et votre santé.

D U F O U R.

Je crois que vous avez raison. (*Truguelin s'empare de la lettre que Dufour tient négligemment de la main gauche*)

T R U G U E L I N.

C'est le plus sage, et pour que, dans un autre moment, vous ne soyez point tenté de la lire... (*Il fait un mouvement pour la déchirer, Cœlina la lui prend.*)

C Œ L I N A.

Pardon, monsieur, mais en me chargeant de cette lettre pour mon oncle, je me suis engagée à rapporter la réponse à celui qu'elle intéresse. Ainsi trouvez bon que j'insiste pour qu'il la lise... (*Truguelin paroît déconcerté et fait tous ses efforts pour ne point se trahir.*)

D U F O U R.

Lisons donc. (*Il ouvre la lettre et lit :*)

« *Homme généreux ! je ne puis demeurer plus long-tems chez*
« *vous sans troubler la tranquillité de votre famille, et je me re-*
« *tire, pénétré de la plus vive reconnoissance. Agréez mes remer-*
« *cîmens et mes adieux, et croyez que quelque part que je sois, je*
« *n'oublierai jamais l'honnête M. Dufour, ni ses aimables en-*
« *fans.* » Je ne veux pas qu'il s'en aille.

T R U G U E L I N.

Que vous importe ? un pareil être mérite-t-il de fixer votre attention ?

D U F O U R.

Va, cours, ma nièce, dis-lui que je lui défends expressément de partir ce soir, que j'exige qu'il passe la nuit ici, et que je le verrai demain matin.

T R U G U E L I N, *à part.*

C'est ce que je saurai bien empêcher.

D U F O U R.

Va vite, mon enfant.

CŒLINA.

J'y cours, mon oncle. (*A part.*) Oh que je suis contente !
(Elle sort en courant.)

SCENE X.

DUFOUR, TRUGUELIN, FARIBOLE.

D U F O U R *à Faribole.*

Que veux-tu, mon garçon ?

F A R I B O L E.

Vous dire que M. le docteur est là, qui demande s'il peut
vous voir.

D U F O U R.

Sans doute, n'est il pas le maître d'entrer ici à toute heure?...
ce cher docteur !... dis-lui que je l'attends avec impatience, car
j'ai beaucoup souffert de ma goutte, la nuit dernière.

F A R I B O L E, *dans le fond.*

Entrez, entrez, M. Andrevon.

T R U G U E L I N *vivement frappé.*

Andrevon !

F A R I B O L E.

Notre monsieur dit qu'il sera bien aise de vous voir.

T R U G U E L I N, *embarrassé et faisant mine de vouloir se retirer.*

Permettez...(*A part, voyant entrer Andrevon.*) Il est trop
tard.

SCENE XI.

LES MÊMES, ANDREVON.

A N D R E V O N.

Bonsoir, mon voisin. Je n'ai pu vous voir hier... (*En avan-*
çant il aperçoit Truguelin, et recule, frappé d'horreur et
d'effroi.
Vous ici, monsieur!..

T R U G U E L I N, *avec un grand sang-froid.*

N'ayant pas l'honneur de vous connoître, monsieur, je ne
vois pas en quoi ma présence ici peut vous intéresser ou vous
déplaire.

A N D R E V O N, *d'un ton brusque, après avoir jeté un regard*
de mépris sur Truguelin.

Bon soir, M. Dufour; vous me reverrez une autre fois.
(Il sort.)

D U F O U R.

Ecoutez-moi, docteur... docteur! M. Andrevon! Est-ce
que tous ces gens-là sont fous donc?... Tiennette! Tiennette!

T I E N N E T T E, *en dehors.*

Plaît-il, monsieur ?

D U F O U R.

Cours après le docteur; dis-lui que j'ai le plus grand besoin
de ses conseils. (*à Faribole.*) Toi, donne-moi le bras. Excu-

sez, M. Truguelin, si je vous quitte; mais je veux absolument lui parler...

T R U G U E L I N.

Cet homme-là extravague. Je le connois de réputation...

D U F O U R.

Il extravague! le docteur Andrevon!... c'est l'homme le plus sensé de la Savoye. Bon soir, M. Truguelin, c'est là qu'est votre appartement. Demandez ce qui vous sera nécessaire, Tiennette vous obéira M. Andrevon!... M. Andrevon!...

T R U G U E L I N, *à Faribole.*

Mon ami, je vous prie de m'envoyer mon domestique.

F A R I B O L E.

Cela suffit, monsieur.

(*Dufour s'appuie sur le bras de Faribole, et sort par le fond.*)

S C E N E X I I.
T R U G U E L I N, *puis* G E R M A I N.
T R U G U E L I N.

Que fait ici ce Francisque?... Je croyois m'en être entièrement défait... Sans doute c'est pour me nuire auprès de ce crédule vieillard qu'il s'est introduit chez lui... S'il dit un mot, mes projets sont évanouis et moi même.... Oh, je frissonne!

G E R M A I N, *mystérieusement.*

Vous me demandez, monsieur?

T R U G U E L I N.

Oui, Germain, j'ai grand besoin de ton secours.

G. E R M A I N.

Parlez, monsieur.

T R U G U E L I N.

Francisque est ici.

G E R M A I N.

Je le sais.

T R U G U E L I N.

Un mot de sa part...

G E R M A I N.

Peut nous perdre. M. Dufour?...

T R U G U E L I N.

Ne sait rien encore.

G E R M A I N.

Mais d'un moment à l'autre il peut tout apprendre.

T R U G U E L I N.

Ton avis?...

G E R M A I N.

Le vôtre?...

T R U G U E L I N.

Tu m'entends...

C 2

GERMAIN.

Il suffit.

TRUGUELIN.

Misérable Francisque ! tu paieras cher les inquiétudes que tu me causes.

SCENE XIII.

LES PRÉCÉDENS, CŒLINA.

CŒLINA, *à part dans le fond.*

Ils parlent de l'indigent... Ecoutons. (*Elle se glisse jusqu'à la porte qui est à gauche, et la tient entr'ouverte.*)

GERMAIN.

Point d'éclat.

TRUGUELIN.

Sais-tu où couche ce malheureux ?

GERMAIN.

Ici.

TRUGUELIN.

Ici !

GERMAIN.

On l'a déplacé pour vous recevoir.

TRUGUELIN.

Entrons dans mon appartement et...

GERMAIN.

Quand tout le monde reposera...

TRUGUELIN.

A minuit... S'il résiste...

GERMAIN.

Il est mort...

TRUGUELIN.

Retirons-nous.

CŒLINA, *à part.*

Les monstres !

TRUGUELIN.

J'entends du bruit

GERMAIN, *allant au fond.*

On vient... C'est lui.

TRUGUELIN.

Lui ! pourquoi différer ?...

GERMAIN.

Il n'est pas tems encore, cachons-nous.

TRUGUELIN.

Tu veilleras.

GERMAIN.

Vous agirez.

CŒLINA, *à part.*

Les scélérats !
*(Truguelin et Germain entrent doucement dans l'appartement
de droite et emportent la lumière qui est sur la table.)*

SCENE XVI.

CŒLINA *cachée*, TIENNETTE et FRANCISQUE.

FRANCISQUE *entre lentement par le fond , tenant une
lampe à la main.*

TIENNETTE.

Je suis désespérée, pauvre homme, de ne pouvoir vous
loger plus commodément ; mais la chambre que vous occu-
piez est nécessaire à M. Truguelin , et tant qu'il restera
ici , il faudra vous contenter de cette bergère...

FRANCISQUE *témoigne sa reconnoissance , et combien il
s'estime heureux.*

TIENNETTE.

Soyez tranquille sur votre sort, M. Dufour vous aime ; vos
malheurs l'ont intéressé , et il ne vous abandonnera pas.
Bon soir... Bonne nuit.

FRANCISQUE *la remercie et lui souhaite le bon soir. Il
l'accompagne jusqu'à la porte du fond , et vient s'asseoir sur
la bergère près de la table.*

SCENE XV.

CŒLINA *cachée*, FRANCISQUE, *puis* TRUGUELIN
ET GERMAIN.

FRANCISQUE, *après un moment de réflexion , se lève, fait
le tour de la salle, s'arrête à la porte de la chambre où est
Truguelin , s'en éloigne avec horreur et revient près de la table.*
CŒLINA *sort doucement de la chambre où elle est , et tire
Francisque par le pan de son habit. Celui-ci se retourne avec
une sorte d'effroi ; mais en voyant Cœlina , son front s'épa-
nouit , la joie brille sur son visage. A voix basse et très-vive-
ment , en lui montrant la chambre de droite :*
Vos jours sont menacés, ne dormez pas, je veille sur vous.
*(Elle sort, Francisque va à la table , écrit quelques mots, et
laisse tomber sa tête sur ses mains , comme un homme plongé
dans de profondes réflexions.*

SCENE XVI.

TRUGUELIN, GERMAIN, FRANCISQUE.

TRUGUELIN, *sortant de la chambre , dit à voix basse à
Germain , en lui montrant la porte du fond.*
Veille à cette porte.

(A Francisque d'un ton menaçant.)

Malheureux! que viens-tu faire ici?

(Francisque se lève vivement, recule, tire de son sein deux pistolets qu'il dirige sur Truguelin et son domestique, en leur faisant signe de lire le papier qu'il vient d'écrire, et qui est resté sur la table.

TRUGUELIN *s'approche et lit:*

« Si vous ne sortez à l'instant, je vous brûle la cervelle, et je déclare tout.»

(Avec un sourire de mépris.)

Imprudent! que pourrois-tu contre deux personnes? (*Il jette une bourse sur la table.*) Cet or est à toi, si tu promets de sortir d'ici avant le point du jour.

(Francisque refuse.)

TRUGUELIN.

Accepte cette offre.

(Même signe de la part de Francisque.)

TRUGUELIN.

Tu penses me braver impunément; mais nous saurons bien te forcer d'obéir. (*Il tire un poignard de son sein, et se précipite sur Francisque qui fait feu de la main gauche. Germain vient vivement le saisir par le bras droit et lui arrache son arme. Tableau.*)

SCENE XVII.

LES PRÉCÉDENS, CŒLINA ; *puis* DUFOUR, STEPHANY, TIENNETTE, FARIBOLE.

CŒLINA *ouvre la porte du fond, et jette un cri perçant.*

Mon oncle!... Stephany !... venez vite.

(Au cri de Cœlina, Truguelin et Germain ont lâché Francisque et se sont éloignés de lui. Germain paroît déconcerté et tremblant. Francisque lève les yeux au ciel avec la plus touchante expression, et Truguelin s'avance avec assurance vers Cœlina.)

TRUGUELIN.

Qu'avez-vous, ma nièce, et pourquoi ces cris?

CŒLINA.

Allez!... c'est affreux ce que vous avez fait là !

DUFOUR.

Il est bien étonnant, monsieur, que vous vous permettiez de maltraiter chez moi un homme à qui j'accorde ma protection: cette conduite révoltante m'intéresse autant en sa faveur qu'elle m'indispose contre vous.

TRUGUELIN.

Voilà bien les hommes; toujours prompts à croire le mal, et jamais disposés à s'éclairer avant de juger. Cet homme m'avoit insulté, falloit-il donc souffrir patiemment une injure d'un pareil misérable ?

DUFOUR *avec étonnement.*

Et ces coups de pistolet....

TRUGUELIN.

C'est sur moi qu'ils ont été dirigés.

DUFOUR.

Par qui ?

TRUGUELIN, *montrant Francisque.*

Par lui.

DUFOUR, *à Francisque.*

Est-il vrai ?

Francisque fait signe que c'est la vérité.

DUFOUR.

Est-ce ainsi que tu respectes les droits de l'hospitalité ?

TRUGUELIN et GERMAIN *paroissent au comble de la joie.*

CŒLINA.

Ne les croyez pas , mon oncle ; s'il s'est porté à cette extrémité, c'est qu'il y a été contraint par les violences qu'on exerçoit sur lui.

TRUGUELIN *avec sévérité.*

Mademoiselle.....

CŒLINA, *à Dufour.*

Oui, mon oncle, on vouloit forcer ce pauvre homme à sortir de la maison, et, en cas de résistance, on avoit juré sa perte.

TRUGUELIN.

Qui ?

CŒLINA, *avec énergie.*

Vous.

TRUGUELIN.

Osez vous ?...

CŒLINA.

Tout pour sauver un innocent.

TRUGUELIN, *à Dufour.*

Cette inculpation....

CŒLINA.

Est vraie. J'en jure par mon cœur , et le ciel qui sait si jamais je me suis abaissée jusqu'à la feinte.

TRUGUELIN, *avec ironie.*

Qui donc a pu si bien vous instruire ?

CŒLINA.

Moi-même.

TRUGUELIN, *se troublant.*

Vous ?...

CŒLINA.

Oui. Cachée derrière la porte de ce cabinet, j'ai entendu

le complot infernal tramé contre ce malheureux, par vous
et votre indigne valet. J'en ai instruit l'indigent, et j'ai couru
vers mon oncle pour qu'il s'opposât, s'il en étoit tems encore,
à l'exécution de vos horribles projets. Démentez, maintenant, si vous le pouvez, tout ce que je viens de dire.

TRUGUELIN.

J'espère, M. Dufour, que vous êtes loin d'ajouter foi aux
discours insensés de votre nièce.... et que....

DUFOUR.

Monsieur, je n'entreprendrai point de décider de quel
côté sont les torts. Je ne veux point savoir quel a été
l'aggresseur. Tout ce que je sais, c'est qu'il n'y a qu'un
moment que vous êtes ici, et que vous avez répandu l'effroi
dans ma maison; tout le monde vous fuit ou semble se troubler
à votre aspect ; j'aime les hommes francs, et comme j'en-
trevois dans tout ceci une espèce de mystère qui me déplaît,
et que je saurai découvrir malgré vous, trouvez bon que je
rejette décidément la proposition que vous m'avez faite pour
Cœlina, et que je vous dispense à l'avenir de me faire l'honneur de votre visite.

TRUGUELIN.

Vous ne dites pas tout, ambitieux vieillard, et ce n'est
là qu'un prétexte adroit pour colorer un refus que vous
étiez décidé à me faire. Mais j'en sais plus que vous ne pensez ; je sais que votre fils aime Cœlina, et que vous
protégez cette inclination, pour faire entrer dans votre famille les grands biens de cette riche héritière. Mais tremblez..
si vous osez former cette union, vous ne savez pas jusqu'où
peut aller la jalousie dans un cœur comme celui de mon fils,
et je vous déclare que je ne m'opposerai point à ses progrès.
Je ne resterai pas plus long-tems dans un lieu où ma présence
semble vous gêner ; je me retire, et vais attendre de vos
nouvelles à la grande auberge. Mais, si demain, avant dix
heures, je ne reçois point votre consentement, tremblez tous,
un seul mot peut rompre le mariage que vous projetez, et ce
mot je le dirai. Adieu. *(Il sort avec Germain.)*

SCENE XVIII.

LES PRÉCÉDENS, *excepté* TRUGUELIN ET GERMAIN.

DUFOUR.

Vaines menaces et qui ne m'effraient point... *(à Cœlina
et à Stephany.)* Rassurez-vous, mes enfans, mes projets sont
changés ; si M. Truguelin s'étoit présenté ici d'une manière
convenable, j'aurois peut-être accueilli sa demande ; et en
effet, cette union eût été plus avantageuse pour Cœlina ; mais

il

il se déclare notre ennemi ; c'est une raison pour que j'accélère votre bonheur, et vous serez unis. (*à Cœlina.*) Tu as besoin d'un protecteur, mon enfant, et je ne puis t'en donner un plus zélé, plus ardent, que celui qui n'a pas cessé un instant de t'aimer.

C Œ L I N A.

Mon oncle !

S T E P H A N Y.

Mon père !

D U F O U R.

Demain nous célébrerons vos fiançailles. Allons nous reposer, mes amis, il est tems ; car cette soirée m'a furieusement ému. (*à Faribole.*). Toi, ferme soigneusement les portes, afin que ce méchant homme ne vienne plus nous troubler.

Cœlina embrasse son oncle, Stephany baise la main de sa cousine, Francisque salue respectueusement Dufour, et regagne son appartement avec un visage calme et serein ; Dufour rentre dans le sien soutenu par son fils, et Cœlina ; Faribole et Tiennette sortent par le fond.

ACTE SECOND.

Le théâtre représente un jardin agréablement décoré, et dans lequel tout est préparé pour une fête ; à gauche est la maison de Dufour, vis-à-vis de laquelle se trouve un joli berceau de verdure ; dans le fond, des arbres isolés et des bosquets praticables.

S C E N E P R E M I E R E.

FARIBOLE, PAYSANS.

(*Au lever du rideau, Faribole et ses compagnons sont occupés à faire des guirlandes, à placer des devises amoureuses, et à suspendre des festons aux arbres. Tous sont groupés diversement et d'une manière pittoresque.*)

F A R I B O L E.

Dépêchons-nous, mes camarades, songez qu'il faut que tout cela soit prêt pour le lever de mademoiselle Cœlina.

Premier P A Y S A N.

Quelle heure est-il ?

D

FARIBOLE.

Bientôt huit heures. Nous n'avons pas une minute à perdre.

Premier PAYSAN.

Soyez tranquille, M. Faribole, cela sera fini.

Second PAYSAN.

Faribole ! quel drôle de nom ! je ne peux pas l'entendre prononcer sans rire.

Premier PAYSAN.

Est-ce que c'est votre nom de famille ?

FARIBOLE.

Pas du tout ; c'est un sobriquet. J'ai servi, voyez-vous.

Second PAYSAN.

Vous !

FARIBOLE.

Oui, j'étois tambour.

TOUS.

Ah ! ah ! ah !

FARIBOLE.

Au régiment j'étois gai, j'étois drôle ; je contois toute la journée des contes à mes camarades, et ils appeloient cela des fariboles... Ma foi, le nom m'en est resté, et depuis, on ne me connoît que sous l'étymologie de Faribole... Mais il ne faut pas vous déranger pour cela... Travaillez donc... Aussi bien, voici notre jeune maitre.

SCENE II.

LES PRÉCÉDENS, STEPHANY.

STEPHANY.

Avez-vous fini, mes amis ?

FARIBOLE.

Cela s'avance.

STEPHANY.

Hâtez-vous, car mon père et ma cousine ne tarderont point à se rendre au jardin. Faribole, as-tu fait toutes mes commissions ?

FARIBOLE.

Je crois qu'oui, not' jeune maitre.

STEPHANY.

Aurai-je des musiciens ?

FARIBOLE.

Certainement ; tout l'orchestre de Sallenche est à vos ordres. Vous aurez une vielle, une musette et un tambourin ; j'espère que cela sera joli... Aussi ce n'est pas sans peine que j'ai pu rassembler tout cela... sans compter que Mlle Tiennette et moi nous jouons des castagnettes à faire plaisir.

S T E P H A N Y.

A merveille, mon garçon ! et des jeunes filles ?

F A R I B O L E.

Vous en aurez... soyez tranquille... j'ai arrangé tout cela...

S T E P H A N Y.

Tu leur as bien indiqué à tous.

F A R I B O L E,

Ce qu'ils ont à faire ?... Eh oui.

S T E P H A N Y.

Tu n'oublieras rien ?

F A R I B O L E.

N'ayez pas peur. Ce que vous m'avez dit est cloué là.

S T E P H A N Y.

Allons, je te fais pour aujourd'hui maître des cérémonies...

F A R I B O L E, *aux paysans.*

Vous l'entendez ! je suis le maître des cérémonies,... ainsi tout le monde doit m'obéir sans réplique.

S T E P H A N Y, *à part.*

Le jour qui se prépare sera le plus beau de ma vie !

T I E N N E T T E, *à la porte de la maison.*

Voici M. Dufour. (*Elle rentre.*)

S T E P H A N Y, *aux paysans.*

Eloignez-vous.

F A R I B O L E.

Sauvons-nous.

S T E P H A N Y, *à Faribole.*

Ne manque pas le moment.

F A R I B O L E.

Vous me prenez donc pour un idiot ? Croyez-vous qu'il faille me répéter dix fois la même chose ? Allez , allez, vos cérémonies sont en bonnes mains.

(*Tous les paysans sortent avec Faribole.*)

S C E N E   I I I.

D U F O U R, C Œ L I N A, S T E P H A N Y, T I E N N E T T E.

C Œ L I N A.

Oh ! que cela est joli, mon oncle !

D U F O U R.

Vraiment ! c'est fort bien arrangé.

C Œ L I N A.

Pauvre cousin ! tu n'as donc pas dormi ?

D U F O U R.

Bon, dormir!... à son âge, je faisois comme lui ; j'aurois passé dix nuits de suite pour ménager une surprise agréable à ma femme.

CŒLINA.

En vérité, Stephany, on n'est pas plus galant.

DUFOUR.

Tiennette, apporte-nous le déjeûner sous ce berceau : cela fera plaisir à nos jeunes gens, n'est-il pas vrai ?

TIENNETTE.

J'y vais, monsieur. (*Elle va, vient, et dispose tout pour le déjeûner.*)

CŒLINA.

Venez vous asseoir, mon oncle.

DUFOUR.

Tout à l'heure. Je ne sais si c'est le plaisir de faire des heureux qui me rajeunit, mais je me trouve aujourd'hui beaucoup mieux que je n'ai été depuis long-tems. En attendant le déjeûner, causons de vos intérêts. (*A Cœlina.*) Mon enfant, ta fortune déjà considérable, à la mort de ton père, s'est encore augmentée par les épargnes que j'ai faites, et tu te trouves maintenant une des plus riches héritières de la Savoie. La conduite révoltante de M. Truguelin me prouve qu'en demandant ton alliance pour son fils, il cherchoit plutôt à s'approprier tes biens qu'à former une union assortie ; et c'est ce qui m'a affermi dans la résolution, peut-être un peu prompte, que j'ai prise de vous unir...

STEPHANY.

Quoi ! mon père, vous repentiriez-vous ?

DUFOUR.

Mon fils, le monde est injuste, méchant et toujours disposé à trouver des torts aux hommes les plus probes. On pourroit m'accuser d'avoir séduit le cœur de ma pupille ; d'avoir abusé de mon empire sur elle, pour lui faire épouser un jeune homme, qui n'a rien et ne possédera, après ma mort, qu'une fortune des plus modiques. Je devois donc, par délicatesse, favoriser la recherche de M. Truguelin, tant que je l'ai cru dirigé par des motifs louables. Maintenant que je suis désabusé je saisis avec empressement l'occasion de combler vos vœux, en couronnant un amour que vous n'avez pas jugé à propos de me confier, mais que j'avois pénétré depuis long-tems avec la plus vive satisfaction.

CŒLINA.

Mon oncle, j'accepte avec reconnoissance le présent que vous me faites, en m'unissant à l'ami de mon cœur, à celui que je chéris depuis l'enfance ; mais, je vous l'avouerai, M. Truguelin m'épouvante ; et je frémis encore des menaces de ce méchant homme.

DUFOUR.

Crainte puérile !... Qu'avons-nous à redouter de sa part, et qu'y a-t-il de commun entre nous ? Les biens de mon frère étoient clairs et bien acquis, son testament les assure à sa fille, tu es son unique héritière, tout ce qui concerne ma gestion est parfaitement en règle, et je brave hardiment les menaces d'un furieux. Il suffit même qu'il paroisse vouloir me contraindre, et qu'il soit venu me narguer jusque chez moi, pour que je mette de l'entêtement à suivre mon premier plan, et que je presse la conclusion de votre mariage.

STEPHANY.

Mon père !

CŒLINA.

Que de bonté !

DUFOUR.

Embrassez-moi, mes enfans. Demain vous serez unis ; demain j'acquitte une dette sacrée envers mon respectable frère, en fixant à jamais le sort et le bonheur de sa fille.

TIENNETTE.

Vous êtes servi, monsieur.

DUFOUR.

Déjeûnons, après quoi j'irai chez M. Antoine, mon notaire, pour régler les articles du contrat. Tu me donneras le bras, Stephany.

STEPHANY, *gaîment.*

Oui, mon père.

DUFOUR, *souriant.*

Je gage que jamais tu ne m'auras accompagné d'aussi bon cœur. Tiennette, comment va ce pauvre homme ? Est-il remis de sa frayeur d'hier ?... appelle-le...

TIENNETTE.

Oui, monsieur.

DUFOUR.

Dis-lui qu'il vienne déjeûner avec nous.

TIENNETTE.

J'y vais.

DUFOUR, *à Cœlina.*

Soutiens-moi, mon enfant. (*Cœlina donne le bras à Dufour, et tous deux s'avancent vers le berceau. Stephany va au fond, et fait un signe d'intelligence à Faribole, qui appelle ses compagnons. Tout le monde se cache derrière les arbres.*)

SCENE IV.

LES PRÉCÉDENS, FRANCISQUE, FARIBOLE, PAYSANS ET PAYSANNES.

Au moment où Cœlina et Dufour se placent sous le berceau, les branches du haut se séparent et laissent voir un cartel sou-

tenu par des guirlandes et des festons , et sur lequel est écrit :
A l'amour et à la reconnoissance. Deux couronnes , l'une de
roses et l'autre d'immortelles, sont placées sur la tête du vieillard et de sa nièce. De tous côtés les branches se déploient et
laissent voir des chiffres amoureux. Cœlina est restée debout ,
Dufour est assis , Stéphany est aux pieds de son père ; Francisque, conduit par Tiennette qui lui montre ce tableau , est
resté immobile devant la porte de la maison.

C Œ L I N A avec l'accent de la surprise et de la joie.

Ah ! mon oncle.

F A R I B O L E s'avance en riant.

Eh bien, c'est-il joliment ordonné ça ? Vous ne comptiez
par là-dessus, n'est-ce pas ?...

D U F O U R.

Bravo ! mes enfans , bravo !.. Il y a 40 ans que je n'aurois
pas fait mieux...

(Il relève Stéphany , l'embrasse et le fait placer
à sa droite, Cœlina est près de lui.)

(A Francisque.) Approche, pauvre homme ; cela paroît te
faire plaisir...

F R A N C I S Q U E exprime qu'il éprouve la plus vive satisfaction.

F A R I B O L E , à Tiennette.

Ah ! vous ne direz plus que je suis un maladroit ; j'espère
que ce coup-d'œil-là a été exécuté de main de maître... Avez-
vous vu quelquefois des cérémonies mieux ordonnées que ça ?
Allons, vous autres... avancez... sur-tout faites bien ce que je
vous ai dit.

(Tout le monde s'avance , salue Dufour , et présente des
bouquets à Cœlina.)

F A R I B O L E.

Pas mal , pas mal, je suis content de vous... A présent...
placez-vous pour la danse... olié !... la musique... bon... voilà
la place de l'orchestre... grimpez là-dessus... et vive la joie.

(Trois paysans jouant du tambourin , de la musette et de la
vielle, montent sur un banc ; on danse.

F A R I B O L E.

Ça n'est pas amusant du tout , cette danse-là , c'est toujours la même chose. Pour mettre un peu de variation là-dedans,
je vas vous chanter une ronde ; moi, mademoiselle Tiennette ,
nous danserons nous deux pour la rareté du fait. Je crois bien
qu'il y a long-tems que ça ne vous est arrivé ; mais ça n'y fait
rien. Un petit moment de tems en tems, ça amuse.

T I E N N E T T E.

Je le veux bien. Cette journée m'a rajeunie de dix ans.

F A R I B O L E.

Allons... et les castagnettes !...

T I E N N E T T E.

Les voilà.

FARIBOLE.

Attention, je commence. Vous autres, vous chanterez le
refrein avec moi, tant bien que mal, comme vous pourrez...
j'y suis.

SCENE V.

LES MÊMES, GERMAIN.

GERMAIN, *arrivant précipitamment et présentant une lettre*
à M. Dufour.

Vieillard imprudent, lisez.

(*Tout le monde se lève de table et paroît frappé d'éton-*
nement ; la danse cesse et chacun demeure immobile ;
Germain se retire avec un air de satisfaction.)

SCENE VI.

LES MÊMES, *excepté* GERMAIN.

Après un moment de silence et d'indécision , Dufour ouvre
le paquet et lit. Il paroît vivement agité pendant cette lecture ;
à la fin il s'écrie :

DUFOUR.

O honte ! je suis trahi , déshonoré !....

STEPHANY.

Que dites-vous ?

CŒLINA.

Qu'entends-je ?

TIENNETTE.

O ciel !

FARIBOLE.

Ah ! mon dieu.

Francisque paroît au désespoir.

DUFOUR.

Plus d'hymen ! plus d'amour ! la douleur et la haine....
voilà le partage de ma triste vieillesse.

STEPHANY.

Expliquez-vous...

CŒLINA.

Parlez , mon oncle....

DUFOUR, *la repoussant.*

Je ne suis point votre oncle.

TOUS.

Elle n'est pas !

CŒLINA.

(*Stupéfaction générale.*)

Je ne suis pas !

DUFOUR.

Non. Elle n'est point ma nièce.... C'est l'enfant du crime
et de l'adultère !

Francisque paroît frappé du coup le plus sensible.

STEPHANY.

Mon père , on vous trompe.

DUFOUR, *lui présentant le papier.*

Lisez.

STEPHANY, *voyant la signature.*

— Truguelin ! c'est une calomnie.

DUFOUR.

Lisez.

STEPHANY *lit à haute voix.*

« Cœlina n'est point votre nièce, elle n'est point la fille de
« votre frère. Il fut trompé par sa coupable épouse. Faut-il
« hélas ! que cette femme criminelle ait été ma sœur ! Isoline
« eut cet enfant d'un misérable sans état, sans fortune et sans
« mœurs. Je vous envoie son extrait de baptême; vous y
« verrez qu'elle ne porte point le nom de votre frère, et qu'en
« un mot, elle vous est parfaitement étrangère...»

DUFOUR *lui montrant les différens seings et lui donnant*
l'extrait de baptême.

Lisez.

STEPHANY *lit.*

Extrait des registres de baptême de la paroisse St.-Etienne de
Servoz.

«Cejourd'hui 11 mai 1754, sur les dix heures du soir, a été
« baptisée Suzanne Cœlina , fille d'Isoline Truguelin et de
« Francisque Humbert...»

(*Francisque jette un cri et tombe sur un banc.*) .

CŒLINA.

Vous, mon père !...

(*Francisque lui tend les bras et elle s'y précipite.*)

STEPHANY.

Se peut-il ?

DUFOUR.

Quoi! malheureux! non content d'avoir déshonoré mon frère,
tu as osé t'introduire ici pour solliciter ma pitié, et me laisser
contracter l'alliance la plus honteuse. Va, sors de ma présence,
et emmène avec toi le fruit de ton coupable amour....

STEPHANY.

Cœlina est innocente....

DUFOUR.

Mais son père est un monstre... Sortez, vous dis-je, je
vous chasse...

(*Francisque qui , pendant cette scène , a tenu sa fille embras-*
sée , se lève fièrement , et emmène Cœlina vers le fond.)

DUFOUR,

DUFOUR, *se retournant brusquement.*

Arrête, malheureux! .. sans moyens, sans asile, sans biens, où conduis-tu cet enfant ?... que va-t-elle devenir ?.. doit-elle expirer de besoin, parce que son père fut un misérable ?... Voilà ma bourse; quand elle sera épuisée, tu me feras connoître ton asile, et mes secours te suivront...

CŒLINA.

Gardez, monsieur, des bienfaits que nous ne méritons plus.

DUFOUR.

Eh! pauvre enfant! tu n'as rien fait pour t'en rendre indigne.

STEPHANY *vivement.*

Qu'avez-vous dit, mon père ?

DUFOUR *brusquement.*

Rien.. rien... je dis que je les chasse; que je ne veux plus les voir.. sortez... sortez.

CŒLINA.

Adieu, Stephany... adieu, Tiennette...

STEPHANY.

Non, tu ne partiras pas... ou je te suivrai partout...

DUFOUR.

L'ingrate! abandonner son père !... ah! ce dernier trait m'irrite encore plus contre eux... Sortez, vous dis-je... éloignez-vous, et que je ne vous revoie jamais... (*Aux paysans.*) Vous, retenez cet insensé!

(*Tiennette embrasse Cœlina que Francisque emmène. Tiennette les accompagne jusqu'au fond. Stephany veut en vain les suivre ; il est retenu par Faribole et les paysans, et va tomber sur les marches de l'escalier qui est devant la maison.*)

SCÈNE VII.

DUFOUR, STEPHANY.

STEPHANY.

On me l'enlève... je ne la verrai plus. Mon père! mon père! rendez-moi Cœlina.

DUFOUR.

Réprimez ces cris qui m'offensent. Oubliez Cœlina ; elle n'est point votre cousine.

STEPHANY.

Elle est plus! elle est mon amante!

E

DUFOUR.

Qu'osez vous dire ?...

STEPHANY.

Elle sera ma femme.

DUFOUR.

Insensé !

STEPHANY.

Je vais partir, la suivre partout, et lui donner ma main aux pieds des autels.

DUFOUR.

Sans mon aveu !...

STEPHANY.

Vous nous le donnerez ; la haine ne peut germer dans un cœur comme le vôtre.

DUFOUR.

Ingrat ! tu quitterois ton père ? tu abandonnerois un vieillard infirme, qui n'a que toi dans le monde pour le consoler ?

STEPHANY.

Je reviendrai vous présenter mon épouse, et vous nous presserez tous deux dans vos bras paternels.

DUFOUR.

Si tu es assez imprudent pour effectuer ce projet, je te déshérite et te donne ma malédiction.

STEPHANY.

La malédiction d'un père est repoussée par l'être suprême, quand elle est injuste.

DUFOUR.

Tu oses me manquer de respect !...

STEPHANY.

Vous faites mon malheur !

DUFOUR.

Ingrat !...

STEPHANY.

Père dénaturé !...

DUFOUR.

Sors de ma présence... ou je ne réponds plus de mon indignation...

STEPHANY.

O ciel !... est-on plus malheureux !..

SCENE VIII.

LES MÊMES, TIENNETTE *revenant.*

TIENNETTE.

Eh bien ? eh bien ?..... qu'est-ce qu'il y a encore de

nouveau ?... Vous voulez donc faire mourir tout le monde ?...

D U F O U R.

Je ne m'étonne plus, vraiment, si M. Truguelin vouloit faire sortir cet homme de chez moi.... Il avoit de bonnes raisons pour cela... et je l'approuve maintenant...

T I E N N E T T E.

Votre Truguelin est un monstre...

D U F O U R.

Et vous aussi, Tiennette!...

T I E N N E T T E.

Oui, je le répète... un monstre!.. il est capable d'avoir falsifié cet acte pour se venger du refus que vous lui avez fait.

D U F O U R.

Cet acte est parfaitement en règle. Je n'en puis nier l'évidence.

T I E N N E T T E.

Et quand cela seroit, monsieur, est-ce une raison pour rom—pre le bonheur de deux jeunes gens qui s'aiment ? pour chasser honteusement de chez vous une jeune personne que vous avez élevée, et qui a partagé pendant douze ans avec votre fils, vos soins et votre tendresse ?... Allez, monsieur, rien ne peut vous justifier d'une semblable injustice.. Ce que vous venez de faire est affreux.

D U F O U R.

Songez-vous à qui vous parlez ?..

T I E N N E T T E.

Et ce pauvre Stephany... qu'a-t-il fait pour être frappé d'un coup aussi sensible ?.. Et vous pensez qu'il se laissera enlever ses espérances, et qu'il va renoncer tranquillement à celle que vous lui ordonniez d'aimer, il n'y a qu'un moment... Non, monsieur, il n'y renoncera pas, et il aura raison... Vous aurez beau le retenir... il vous quittera ; il rejoindra l'amie de son cœur... et tous deux iront jouir loin de vous d'un bonheur que vous ne leur avez laissé entrevoir que pour leur rendre sa perte plus sensible...

D U F O U R.

Finissez, Tiennette, ou bien...

T I E N N E T T E.

Vous me chasserez, n'est-ce pas ?... Vous renverrez une fille qui vous sert avec attachement et fidélité depuis trente ans, et cela pour vous avoir dit la vérité, pour s'être révoltée à l'aspect d'une injustice... Oh ! oui, vous en serez capable !.. Eh bien, je m'en irai !.. Oh ! mon Dieu, je m'en irai ; mais ce ne sera pas du moins sans vous avoir dit tout ce que je pense... sans vous avoir répété que vous êtes un homme dur, méchant, que vous serez abandonné de tout le monde, que vous traînerez une vie languissante et malheureuse, et que

personne ne vous plaindra, parce que vous l'aurez mérité..
Oui, monsieur, je vous dirai tout cela.. je vous le répéterai
cent fois, et puis je m'en irai.

DUFOUR.

Encore une fois, taisez-vous.

TIENNETTE.

Je me tais, monsieur; je n'ai plus rien à dire.

SCENE VIII.

LES PRÉCÉDENS, ANDREVON.

TIENNETTE, *apercevant le docteur qui entre avec
empressement.*

STEPHANY.

Accourez, monsieur le docteur... venez vous joindre à moi
pour reprocher à mon père son injustice.

ANDREVON, *à Dufour.*

Que viens-je d'apprendre ?.. Quoi ! vous avez chassé votre
nièce de chez vous ?

DUFOUR.

Elle n'est point ma nièce.

ANDREVON.

D'où le savez-vous ?

DUFOUR.

Par ces papiers.

ANDREVON.

De qui les tenez-vous ?

DUFOUR.

De M. Truguelin.

ANDREVON.

C'est un scélérat.

STEPHANY.

Vous l'entendez, mon père !

TIENNETTE, *avec satisfaction.*

Eh bien ! monsieur, me croirez-vous une autre fois ?

DUFOUR.

Paix... (*au docteur.*) Vous dites...

ANDREVON.

La vérité. Ah ! mon cher Dufour, si le cœur des mortels
se montroit à découvert, on ne feroit pas un pas dans la société sans rencontrer un être corrompu ou un homme immoral.

DUFOUR.

Docteur, vous connoissez mon opinion sur les hommes ; vous

savez qu'en général je ne les estime point ; mais une inculpation de cette nature est trop grave pour que j'y croie aussi légèrement, et vous me permettrez de n'y point ajouter foi , jusqu'à ce que vous m'ayez donné des preuves certaines et irrécusables.

ANDREVON.

Ah! vous voulez des preuves ; je vais vous en donner. (*Tout le monde se rapproche d'Andrevon et lui prête la plus grande attention.*)

DUFOUR.

Parlez , docteur.

ANDREVON.

Il y a huit ans à-peu-près (je n'avois pas encore l'honneur de vous connoître) que, revenant un soir de la ville de Cluse où j'avois été voir quelques malades, je montois doucement le rocher d'Arpennaz...

TIENNETTE, *à part.*

Le rocher d'Arpennaz !

ANDREVON.

Lorsque deux hommes égarés et couverts de sang passent rapidement à mes côtés, comme s'ils venoient de commettre un grand crime.

TIENNETTE, *à part.*

Quel singulier rapport !

ANDREVON.

Mais à peine ont-ils fait cent pas devant moi, que celui qui me paroissoit le maître chancelle et tombe baigné dans son sang. Je vole près de lui, et bientôt, par mes soins, il est en état de se soutenir jusque chez moi où il passe la nuit. Je le questionne ainsi que son valet, et tous deux s'accordent à dire qu'ils ont été attaqués par des voleurs. Cependant leurs vêtemens déchirés , une morsure considérable que le maître avoit à la main gauche, d'autres blessures qui me paroissent avoir été faites par un homme sans armes, et plus que tout cela, leur embarras et le peu de vraisemblance de leur récit, me font concevoir des soupçons qui s'accroissent et se changent en certitude ; lorsque j'apprends le lendemain que le meunier d'Arpennaz, l'honnête Michaud, a recueilli la veille, et précisément dans le lieu d'où j'avois vu partir ces deux hommes, un malheureux, criblé de coups et horriblement mutilé.

TIENNETTE.

Michaud !... le rocher d'Arpennaz !... il y a huit ans !...

DUFOUR.

Laissez finir le docteur.

ANDREVON.

Je ne doutai plus que j'avois chez moi des assassins , et je sortis dans l'intention de les livrer à la justice, qui les faisoit chercher : mais, à mon retour, je ne les trouvai plus, ils avo'ent fui. Je courus à leur appartement : ils y avoient laissé une bourse et cette lettre.

DUFOUR *jettant un coup-d'œil sur la lettre.*

C'est l'écriture de Truguelin.

ANDREVON.

Jugez de ma surprise et de mon indignation en rencontrant hier ici ce même homme que je croyois vous être parfaitement étranger. Je n'ai pas été maître de moi, et vous ai quitté pour aller le dénoncer aux magistrats. Depuis ce matin les archers sont à sa poursuite, et peut-être en ce moment les conduit-on à Chambéry pour en faire un exemple.

DUFOUR.

Vous avez bien fait, on ne sauroit trop tôt purger la terre des méchans qui la fatiguent de leur présence.

TIENNETTE.

Mais, monsieur, ce malheureux trouvé près du moulin, recueilli par Michaud...

ANDREVON.

Eh bien ?

STEPHANY.

Il étoit ici...

TIENNETTE.

C'est le père de Cœlina.

ANDREVON.

Quoi ! ce pauvre homme...

DUFOUR.

C'est lui-même.

STEPHANY.

Les persécutions que Truguelin n'a cessé de lui faire éprouver cachent quelqu'affreux mystère...

DUFOUR.

Je le crois ; mais comment l'éclaicir, j'ai éloigné ceux qui pouvoient m'instruire...

ANDREVON.

Comment avez-vous pu croire si légèrement...

DUFOUR.

Comment ! comment ! il ne s'agit pas de cela... c'est fait...

ANDREVON.

Il faut voir Cœlina, cet indigent...

TIENNETTE.

Oui, monsieur, il faut les voir.

STEPHANY.

Courir sur leurs traces.

DUFOUR.

Mais où sont-ils enfin ?

ANDREVON.

Au moulin d'Arpennaz, chez le bon Michaud, pour lequel cet indigent conserve la plus vive reconnoissance.

DUFOUR.

Vous les avez donc vus ?

ANDREVON.

Je les quittois en entrant chez vous.

DUFOUR.

Allons les trouver... je veux les voir absolument.

STEPHANY.

Mon père ! vous leur rendrez donc votre amitié ?

DUFOUR.

S'ils la méritent.

ANDREVON.

Et s'ils ne sont que malheureux ?...

DUFOUR.

Je les plaindrai.

STEPHANY.

Ce n'est point assez, mon père, il faut...

DUFOUR.

Je sais ce que j'ai à faire... est-ce à 65 ans que j'ai besoin qu'on règle ma conduite ? Allons, donnez-moi le bras et partons.

ANDREVON.

Je suis content de vous, mon voisin.

DUFOUR.

Un moment ! vous ne savez pas encore ce que je ferai.

TIENNETTE.

C'est égal, monsieur, je vous rends toujours mon amitié.

DUFOUR.

Je te remercie, Tiennette ; partons.

STEPHANY.

O ciel ! exauce mes vœux !

(Ils sortent.)

FIN DU SECOND ACTE.

ACTE TROISIÈME.

Le théâtre représente un lieu sauvage, connu sous le nom de montagne du Naut-d'Arpennaz; dans le fond, entre deux rochers très-élevés, est un pont de bois, au-dessous duquel se précipite un torrent écumeux, qui traverse le théâtre et vient passer derrière un moulin, placé à droite au second plan; la porte du moulin fait face à la coulisse, et les croisées sont vis-à-vis des spectateurs; il y a un banc de pierre au-dessous des croisées; à quelques pas du moulin, se trouve un petit pont très-frèle qui communique à un sentier escarpé qui borde le torrent et mène au haut de la montagne. Des sapins répandus çà et là, semblent encore faire ressortir davantage l'aspérité de ce séjour. A gauche, vis-à-vis du moulin, est une petite masse de rochers, couronnée par deux ou trois sapins, et au-devant de laquelle on remarque une partie platte, taillée pour faire un banc.

Pendant l'entr'acte on entend le bruit éloigné du tonnerre; bientôt l'orage augmente, et au lever du rideau toute la nature paroit en désordre; les éclairs brillent de toutes parts, le torrent roule avec fureur, les vents mugissent, la pluie tombe avec fracas, et des coups de tonnerre multipliés qui se répètent cent fois, par l'écho des montagnes, portent l'épouvante et la terreur dans l'ame.

SCENE PREMIERE.
TRUGUELIN *déguisé en paysan.*

Il arrive avec un air égaré, et parcourt le théâtre comme un insensé.

Où fuir?... où porter ma honte et mes remords? Errant depuis le matin dans ces montagnes, je cherche en vain un asile, qui puisse dérober ma tête au supplice... Je n'ai point trouvé d'antre assez obscur, de caverne assez profonde pour ensevelir mes crime. Sous ces habits grossiers, rendu méconnoissable à l'œil le plus pénétrant, je me trahis moi-même, et baissant vers la terre mon front décoloré, je ne réponds qu'en tremblant aux questions qu'on m'adresse. — Il me semble que tout, dans la nature, se réunit pour m'accuser... —Ces mots terribles retentissent sans cesse à mon oreille: Point de repos pour l'assassin! vengeance! vengeance!... — (*On entend resonner l'écho. Truguelin se retourne avec effroi.*)

Où

Où suis-je ? et quelle voix menaçante?... ciel !... que vois-je ?... ce pont... ces rochers... ce torrent... c'est là... là... que ma main criminelle versa le sang d'un infortuné... O terre ! entr'ouvre-toi !... abîme , dans ton sein, un monstre indigne de la vie... O mon Dieu ! toi que j'ai si long-tems méconnu... vois mes remords , mon repentir sincère... verse sur moi ce baume consolateur... Arrête, misérable ! et n'outrage plus le ciel par de telles prières !. Des consolations à toi !... cette faveur n'est réservée qu'à l'innocent, tu ne la goûteras jamais. La honte... les larmes... l'échafaud... voilà le sort qui t'attend... et auquel tu ne pourras échapper. (*Il tombe anéanti sur un banc de rocher, et ajoute d'une voix pénétrée.*) Ah ! si l'on savoit ce qu'il en coûte pour cesser d'être vertueux, on verroit bien peu de méchans sur la terre. (*Il est absorbé dans ses réflexions.*)

(*Pendant cette scène l'orage a continué.*)

S C E N E I I.
T R U G U E L I N , M I C H A U D.

MICHAUD *paroît sur le pont; il arrive en chantant.*

AIR : (de Toberne) *Pendant le jour , je bêche.*

> La foudre sur ma tête
> Gronde sans m'effrayer ;
> Je ris de la tempête,
> Et brave le danger.
> Franc, joyeux, charitable,
> Je crains peu le trépas ;
> Ce jour n'est redoutable
> Que pour les scélérats.

TRUGUELIN *revient de son accablement , comme s'il sortoit d'un long sommeil , se lève et s'écrie :*

O ciel !.. on m'a reconnu !..(*Il regarde dans le fond, et aperçoit Michaud qui descend de la montagne.*) Funeste conséquence du crime !.. je ne vois partout que des accusateurs. Remettons-nous. (*Il s'assied, et s'efforce de prendre une contenance assurée.*)

MICHAUD , *finissant l'air.*

> Bannissons l'humeur noire,
> Et vive les plaisirs !
> Travailler , rire et boire,
> Voilà tous mes désirs.

(*Il va à la porte du moulin , et aperçoit Truguelin.*) Eh ! l'ami ! qu'est-ce que vous faites donc là ?

TRUGUELIN.

Je suis à l'abri de l'orage.

MICHAUD.

Parbleu ! entrez dans mon moulin, vous serez mieux.

TRUGUELIN, *a part.*

Si je pouvois par-là me soustraire aux recherches...

MICHAUD.

Eh bien ! est-ce que cela vous fâche ; vous ne me répondez pas ?

TRUGUELIN.

(*A part.*) Acceptons. (*Haut.*) Au contraire, mon camarade... je suis on ne peut pas plus reconnoissant...

MICHAUD.

Vous paroissez bien accablé... c'est sans doute la fatigue ?..

TRUGUELIN, *d'un air contraint.*

Oui.... oui... c'est la fatigue.

MICHAUD.

Venez-vous de loin, comme cela ?

TRUGUELIN.

De Genève.

MICHAUD.

Et vous allez ?

TRUGUELIN.

A la Couteraye.

MICHAUD.

Encore sept lieues !... Vous ne comptez pas y arriver aujourd'hui ?

TRUGUELIN.

Si mes forces le permettent.

MICHAUD.

Vous trouvez peut-être singulier que je vous questionne aussi librement.... Ma foi vous m'excuserez, mais c'est ma manière... Je suis rond, loyal, un peu causeur, et d'une franchise à toute épreuve ; et voyez-vous, je mettrois aussi peu d'importance à vous raconter mes affaires, que je témoigne d'empressement pour être instruit des vôtres. Avez-vous passé à Sallenche ?

TRUGUELIN.

Ce n'est pas ma route.

MICHAUD.

Vous avez raison... J'y étois encore il n'y a pas une heure, et j'ai été témoin d'un grand acte de justice. Il n'est pas, que vous n'ayez ouï parler d'une histoire arrivée ici, il y a huit ans... d'un jeune peintre, nommé Francisque, que j'ai trouvé là-bas, de l'autre côté du pont, à moitié mort, et horriblement mutilé ?...

TRUGUELIN, *avec une indifférence affectée.*

Cette aventure a fait assez de bruit.

M I C H A U D.

On a cherché long-tems à découvrir les auteurs de ce
meurtre sans pouvoir y parvenir, ils étoient disparus... Mais
voyez, comme on a bien raison de dire que le crime ne reste
jamais impuni... Hier soir, le docteur Andrevon, en entrant
chez son ami Dufour, reconnoit les assassins de ce pauvre
Francisque... Il ne perd pas de tems, court les dénoncer aux
magistrats ; on se met à leur poursuite, et comme je vous le
disois, je viens de voir conduire en prison le domestique de ce
scélérat Truguelin... il a tout avoué... ainsi son affaire ne sera
pas longue...

T R U G U E L I N, *à part.*

Je frissonne !

M I C H A U D.

Qu'est-ce que vous avez donc ?

T R U G U E L I N.

L'idée de ce crime est épouvantable.

M I C H A U D, *lui frappant sur l'épaule.*

Soyez tranquille. Allez, ils ne le porteront pas loin.., les
ordres sont donnés...les archers sont en campagne...la moindre
chaumière sera visitée... oh ! il est impossible que le maître
échappe... Ma foi, quoique je ne sois pas méchant, l'amitié
que j'ai pour ce malheureux Francisque, me fait desirer que
la punition de ce monstre soit prompte et exemplaire... Tenez,
voyez plutôt si je ne vous ai pas dit vrai !.... voilà une bri-
gade qui se dirige de ce côté..

(Pendant cette scène, l'orage a cessé.)

S C E N E   I I I.

LES MÊMES, UN EXEMPT, ARCHERS.

M I C H A U D *quitte Truguelin et s'avance jusqu'au petit pont de
bois.*

T R U G U E L I N, *à part.*

Un moment plutôt j'étois perdu ! Grand Dieu !... la rencontre
de cet homme seroit-elle un de tes bienfaits ?... voudrois-tu
me soustraire au supplice qui m'est réservé ?... (*Il se rapproche
de Michaud.*)

M I C H A U D.

Cherchez-vous quelqu'un, mes bons messieurs ?

L' E X E M P T, *tenant un papier à la main.*

Oui, brave homme ; nous cherchons un certain Truguelin
que nous avons ordre d'arrêter, et dont voici le signalement.

T R U G U E L I N, *à part.*

Je suis perdu.

L'E X E M P T lit.

François Truguelin, âgé de 47 ans, taille de 5 pieds 3 pouces...
front élevé... sourcils et cheveux châtains, yeux noirs et ca-
ves, nez aquilin, bouche moyenne, menton rond, visage
long, physionomie fausse, la voix forte, et la démarche
hardie, habit vert galonné, une large cicatrice sur le revers
de la main gauche.

T R U G U E L I N, à part, et mettant vivement sa main
gauche dans la poche de son habit.

Je frémis !

M I C H A U D.

Je ne le connois pas ; mais j'en ai entendu parler.

T R U G U E L I N.

C'est un grand coupable, à ce qu'on dit.

L' E X E M P T.

C'est un scélérat que réclame la justice.

M I C H A U D.

Elle fait très-bien ; je l'approuve d'autant plus que je suis
l'ami intime du malheureux qui a été victime de ce Truguelin.
Il n'est pas à présumer qu'il soit resté aussi près des lieux
où s'est commis le crime... et où il pourroit être reconnu...

L' E X E M P T.

Oh ! il n'a pas eu le tems d'aller bien loin : on nous a assuré
qu'on l'avoit vu s'enfoncer dans ces montagnes...

T R U G U E L I N.

Il aura peut-être gagné les bords de l'Arve...

M I C H A U D.

Cela seroit très-possible.

L' E X E M P T.

En effet, ce côté étant moins fréquenté...

M I C H A U D.

Il s'y sera cru plus en sûreté, et de là il aura été par Cha-
mouny jusqu'au Buet, où une fois arrivé il lui sera très-facile
de se soustraire aux recherches.

L' E X E M P T.

Il a raison.

M I C H A U D.

Si vous m'en croyez, vous vous dirigerez promptement vers
ces lieux...

L' E X E M P T.

Merci, mes amis.

M I C H A U D.

Ne perdez pas de tems.

L' E X E M P T.

Voilà ce qui s'appelle un brave homme. Adieu.

T R U G U E L I N.

Bon voyage, messieurs.

M I C H A U D, *les conduisant jusqu'au-delà du pont.*
Surtout, ne le manquez pas...

T R U G U E L I N, *à part, sur le devant de la scène.*
Si je pouvois rester jusqu'à la nuit chez cet homme, j'échapperois peut-être aux recherches... mais qui m'assurera que le hasard me soit aussi favorable une autre fois, et qu'une seconde visite ?...

M I C H A U D, *aux archers.*
Songez que l'orage a grossi les torrens... vous ne pourrez pas passer là... montez encore... bon... c'est cela... (*On les perd de vue.*)

T R U G U E L I N, *à part.*
En tout cas, je cours moins de risque en demeurant ici, qu'en parcourant des lieux où la présence d'un homme seul excite la curiosité... mais, si sur quelqu'indice, ce paysan découvroit en moi le coupable qu'on cherche, que risqué-je ? je suis armé... Encore un crime, Truguelin !... et tu ne frémis pas !...

M I C H A U D.
Ils sont bien loin. (*Il revient.*)

T R U G U E L I N, *à part.*
Est-ce par de nouveaux forfaits que tu veux obtenir le pardon du premier !...

S C E N E I V.
M I C H A U D, T R U G U E L I N.

M I C H A U D.
Camarade, il se fait tard ; les chemins sont mauvais, ... vous êtes fatigué, et il vous est impossible d'arriver ce soir à la Couteraye. Croyez-moi, passez la nuit au moulin ; vous m'avez l'air d'un galant homme, d'un bon vivant : je trouverai là-dedans quelque vieille bouteille de vin. J'ai servi autrefois, je vous conterai mes aventures, vous m'apprendrez les vôtres. Insensiblement, la nuit se passera, et demain, aussi matin que vous le voudrez, vous vous remettrez en route.

T R U G U E L I N.
J'accepte volontiers vos offres.

M I C H A U D.
Eh bien, voilà qui est dit. Entrons, vous vous reposerez plus à votre aise. Pendant ce tems, je préparerai notre petit repas ; et qui sait ? vous aurez peut-être le plaisir, avant de vous en aller, de voir arrêter ce coquin de Truguelin.

T R U G U E L I N, *à part.*
Plaise au ciel que ce ne soit point l'affreuse vérité.

M I C H A U D.
Entrons. (*Il le prend par la main.*) Diable ! vous avez là une terrible cicatrice !

TRUGUELIN.

(A part.) O ciel! *(Embarrassé.)* Une cicatrice! *(Se remettant et affectant de sourire.)* Ah! oui, à la main; c'est la suite d'une blessure reçue à l'armée... Je vous conterai cela.

MICHAUD.

C'est presque comme celle que l'officier vient de nous lire. *(en riant.)* Si on alloit vous prendre pour le coquin qu'on cherche à présent, cela ne vous amuseroit pas, hein? Je dis cela pour rire au moins, il ne faut pas que cela vous fâche. Allons, je suis bien aise que vous ayez servi; cela fera que vous ne serez pas en reste vis-à-vis de moi. Entrez donc... que diable! est-ce que vous faites des façons?...

TRUGUELIN.

Je vous obéis. *(Ils entrent dans le moulin.)*

SCENE V.

CŒLINA, FRANCISQUE.

(Ils paroissent sur le haut de la montagne.)

(Francisque soutient Cœlina qui peut à peine marcher. Quand ils sont arrivés au petit pont, il lui montre le moulin, en lui indiquant que c'est là qu'ils trouveront le repos.

CŒLINA.

C'est donc ici le terme de notre voyage?
(Francisque fait signe que oui, et la conduit vers le banc où elle s'assied.

CŒLINA.

Quoi! si près de Salleuche?
(Francisque témoigne combien il est affecté de n'avoir à lui offrir qu'un aussi triste asile.)

CŒLINA.

Ne vous affligez pas, mon père; Cœlina, près de vous, trouvera son bonheur à vous exprimer chaque jour sa tendresse et à vous prodiguer les soins les plus empressés.
Francisque la serre vivement contre son cœur et lui exprime ses craintes de la voir un jour regretter les grands biens qu'il lui a fait perdre.

CŒLINA.

Non, mon père, ce ne sont pas les richesses auxquelles je n'avois aucun droit, dont la perte me paroîtra sensible. C'est l'ami de mon cœur que je regrette... Ce cher Stéphany... ah! mon père!.. je l'ai perdu pour toujours.
Francisque la rassure en lui annonçant qu'elle peut encore prétendre à se voir son épouse.

C œ L I N A.

Moi, devenir son épouse !... jamais mon père.

Francisque repète ce qu'il vient de lui dire.

C œ L I N A.

Comment espérez-vous y parvenir ?

Francisque montre son cœur et le ciel, et répond qu'il réussira.

C œ L I N A.

Puissiez-vous dire vrai !... mais l'espoir a fui de mon cœur.

Francisque la rassure encore et va frapper à la porte du moulin.

SCENE VI.

LES MÊMES, MICHAUD.

M I C H A U D *ouvre la porte et se jette dans les bras de Francisque.*

C'est vous, mon bon ami !... Je ne vous attendois pas si vîte... foi de Michaud.

C œ L I N A, *vivement.*

Quoi ! seroit-ce là ce bon Michaud, dont les soins généreux et constans vous ont conservé la vie ?...

Francisque fait signe que oui.

M I C H A U D.

Est-ce que je n'ai pas l'air d'un honnête homme, mademoiselle ?

C œ L I N A.

Ah ! mon père, je sens que je l'aimerai presque autant que vous.

M I C H A U D.

C'est vous qui êtes mademoiselle Cœlina...

C œ L I N A.

Oui.

M I C H A U D.

Et par quel hasard vous vois-je dans les montagnes ?

C œ L I N A.

J'ai suivi mon père.

Francisque paroît souffrir.

M I C H A U D.

Vous semblez affligés ; que vous est-il donc arrivé ?

Francisque soupire et lève les yeux au ciel.

C œ L I N A.

L'hymen alloit serrer les plus doux nœuds... J'allois épouser l'ami de mon cœur... Mon père jouissoit en secret du bonheur de sa fille.

M I C H A U D.

Eh bien ?

C œ L I N A.

Quand un monstre...

MICHAUD.

Achevez.

CŒLINA.

Truguelin a découvert le secret de ma naissance

MICHAUD.

Encore ce coquin !.... J'espère qu'il paiera bientôt tout cela.

CŒLINA.

Que voulez-vous dire ?...

MICHAUD.

Qu'on le poursuit.. que son domestique est déjà arrêté, et que lui-même ne peut tarder à tomber entre les mains de la justice.

(*Francisque et Cœlina se jettent à genoux par un mouvement spontané, et remercient le ciel.*)

Francisque exprime à sa fille que c'est un commencement de justice, et qu'il ne faut jamais désespérer de la bonté divine.
(*Michaud les contemple avec ravissement.*)

MICHAUD.

Mais cette chère enfant doit avoir besoin de prendre quelque chose, entrons...

CŒLINA.

Encore un moment... Je me sens oppressée...

MICHAUD.

Dans ce cas, demeurez au grand air... aussi bien ne faut-il pas vous presser d'entrer là-dedans... Il n'y fait pas beau, du moins, je vous en avertis Cela ne ressemble pas du tout aux belles chambres de la ville.

CŒLINA.

Vous vous moquez, bon Michaud.

MICHAUD.

Je vais toujours chercher quelques fruits. (*Il entre.*)

CŒLINA.

Mon père, donnez-lui ces effets...

Francisque prend le paquet qu'il avoit en entrant, et le porte au moulin.

MICHAUD, *sortant et apportant un petit panier rempli de fruits.*

Pourquoi ne m'avez-vous pas donné cela ?... Je l'aurois serré moi-même...

Francisque passe outre et entre.

MICHAUD.

Tenez, ma brave demoiselle, voilà des fruits délicieux; ils sont de notre jardin Goûtez de tout... Cela vous remettra.

CŒLINA.

Excellent homme !

(*Francisque*

*(Francisque sort précipitamment du moulin ; il est pâle ;
l'épouvante et l'horreur sont peintes sur sa figure ; Michaud et Cœlina se lèvent et vont à lui.)*

MICHAUD.

Qu'avez-vous ?

CŒLINA.

D'où naît cet effroi !

*(Francisque montre la chaumière à plusieurs reprises en
reculant, et leur indiquant qu'elle renferme un homme
qu'il craint.)*

CŒLINA.

Que voulez-vous dire ?

MICHAUD.

Cet homme vous auroit-il effrayé ?

*Francisque indique que, malgré son déguisement, il l'a re-
connu ; il montre sa main à Michaud, et lui rappelle que
c'est à ce signe qu'il auroit dû reconnoître son assassin.*

MICHAUD.

Est-il possible !... Ce seroit là Truguelin ?

CŒLINA.

Truguelin, ô ciel !

Francisque assure que c'est lui.

SCENE VII.

LES MÊMES, TRUGUELIN *à la croisée du moulin.*

TRUGUELIN, *à part, sans être vu.*

L'absence de cet homme m'inquiète.... Qu'entends-je ?...
on m'a nommé.

MICHAUD.

O malédiction ! Les archers étoient là, et je n'ai pas su devi-
ner cela !... C'étoit cependant bien facile... et cette cicatrice...
Ah, Michaud !... Michaud !... où avois-tu mis ton esprit ?

CŒLINA.

Fuyons, mon père, éloignons-nous de ce méchant homme.

TRUGUELIN, *de même.*

J'en sais assez, retirons-nous. (*Il rentre et ferme la
croisée.*)

SCÈNE VIII (*).

CŒLINA, FRANCISQUE, MICHAUD.

MICHAUD.

Gardez-vous bien de vous en aller. Il est encore tems de réparer ma sottise ; les archers ne peuvent être fort éloignés ; je vais courir après eux et les ramener avec moi; que ce soit ici...là.. où le crime a été commis, que le monstre en reçoive la punition.

FRANCISQUE *arrête Michaud et lui montre le moulin, en lui faisant entendre que Truguelin peut s'échapper.*

MICHAUD.

Vous avez raison... étourdi !.. j'oubliois que l'essentiel est de nous assurer des issues. Commençons par fermer la porte. (*Il ferme la porte.*) (*Allant vers la croisée.*)
Visitons ce côté.... bon !... il ne se doute de rien... veillez soigneusement... Avez-vous des armes ?

FRANCISQUE *tire des pistolets de sa poche.*

MICHAUD.

Gardez celui-ci... il vous servira à tenir notre homme en respect, s'il tentoit de s'évader... et donnez-moi l'autre... Si mes cris ne peuvent se faire entendre des archers... ma dernière ressource sera de lâcher un coup de pistolet pour les attirer de ce côté...

CŒLINA.

Allez vîte...

MICHAUD.

Du courage... de la prudence...

CŒLINA.

Veillez sur mon père...

MICHAUD.

Le ciel veille sur tous deux.

FRANCISQUE *témoigne sa reconnoissance à Michaud, qui monte rapidement sur le pont, regarde de tous côtés et disparoît.*

SCÈNE IX.

TRUGUELIN, CŒLINA, FRANCISQUE.

CŒLINA.

Demeurez ici, mon père, je vais sur le pont pour découvrir plutôt Michau, ou appeler du monde s'il s'en présente.
Elle monte sur le pont; Francisque, assis au bord du torrent près la porte du moulin, a le dos tourné à la croisée et regarde sa fille.

TRUGUELIN *rouvre la croisée.*

Je n'entends plus rien, ils se sont sans doute éloignés...

(*) Cette scène doit être jouée d'une manière mystérieuse et avec vivacité.

le moment est favorable... mettons-nous, par une prompte
fuite, à l'abri de leurs perquisitions...

*(Il monte sur la croisée, descend sur le banc de pierre qui est
placé devant, et de là à terre ; il va doucement jusqu'à l'angle
du moulin. Quand il y est arrivé, il aperçoit Francisque à deux
pas de lui, alors il recule et tirant ses pistolets, il se présente
brusquement à lui.)* Si tu fais un mouvement, tu es mort. *(Et
il s'éloigne en menaçant toujours Francisque ; qui se lève vivement pour prendre son pistolet. Truguelin lâche son coup et le
manque. Cœlina jette un cri perçant.)*

C Œ L I N A.

Michaud ! Michaud !

*(On entend dans l'éloignement un second coup de pistolet.
Francisque court vivement sur Truguelin et lui coupe le chemin
en cotoyant le torrent, de sorte que celui-ci se trouve forcé de
revenir du côté de la maison. Cœlina est descendue, s'est jetée
au-devant de son père et l'a entraîné dans le moulin.)*

S C E N E   X.

Les précédens, ARCHERS, PAYSANS.

Truguelin *fuit par le sentier qui borde le torrent et va tra-
verser le pont du haut, quand un archer se présente le sabre
élevé ; Truguelin se jette sur lui, le désarme et le jette dans
le torrent : alors il veut passer outre ; mais plusieurs archers
l'en empêchent, et il est forcé de redescendre précipitamment
jusqu'auprès du moulin, où se livre un combat très-vif entre
lui et les archers, il en renverse un et va échapper à l'autre,
quand les paysans arrivent armés, se précipitent sur lui et
veulent le frapper. Francisque et sa fille sortent du moulin et
se jettent au-devant des coups.*

S C E N E   X I.

Les précédens, DUFOUR, ANDREVON,
STHEPHANY, MICHAUD, TIENNETTE,
FARIBOLE.

Dufour, Andrevon, Stephany et Tiennette *paroissent
sur le pont. Michaud voyant ce qui se passe en bas, descend
rapidement, se place entre Truguelin et les paysans, et relève
les armes dirigées contre Truguelin. Tableau.*

M I C H A U D.

Mes amis, laissez aux lois le soin de vous venger. L'homme
vertueux punit, mais il n'assassine pas.

D U F O U R, *aux archers.*

Faites votre devoir. *(On emmène Truguelin blessé et parois-
sant profondément accablé.)*

SCENE XII ET DERNIÈRE.

LES PRÉCÉDENS, *excepté* TRUGUELIN
ET LES ARCHERS.

MICHAUD.

Enfin nous en voilà débarrassés !

DUFOUR, *à Francisque.*

Mais que je sache au moins la cause de ce mystère et le
motif des persécutions de Truguelin.

(*Francisque lui présente un papier, que Stephany prend et
ouvre avec empressement ; tout le monde s'approche avec in-
térét, et paroît en desirer impatiemment la lecture.*)

STEPHANY *lit:*

« Un mariage secret m'unissoit depuis deux mois à la belle
« Isoline, loisque monsieur votre frère la vit et proposa de
« l'épouser. Vous savez qu'en se mariant il assuroit tous ses
« biens à ses enfans au cas qu'il en eût. Truguelin, dans l'es-
« poir de s'emparer un jour de ce riche héritage, et sans res-
« pect pour des nœuds que sa sœur lui avoua, la contraiguit
« dans mon absence à consentir à cette union. »

TOUS.

Le malheureux !

STEPHANY, *continuant.*

« Cœlina vit le jour. Désespéré d'avoir perdu mon épouse
« et voulant conserver sur ma fille les droits que m'assuroient
« l'hymen et la nature, je l'enlevai aux personnes qui en
« étoient chargées, et je la fis baptiser sous mon nom. De là
« le motif de la haine de Truguelin et sa constance à me per-
« sécuter... »

DUFOUR *interrompant son fils.*

Le reste m'est connu. (*à Francisque en lui tendant les bras*)
Vous êtes un brave homme, et je vous rends mon estime.

ANDREVON.

Il la mérite.

CŒLINA *embrassant Francisque, qui pleure de joie et*
d'attendrissement.

Ah ! mon père !

STEPHANY, *à Dufour.*

Mais sa fille...

DUFOUR.

Devient la mienne. Demain vous serez unis. (*A Stephany.*)

Les biens de mon frère me reviennent de droit, je te
les donne.

STEPHANY.

Pour les rendre à Cœlina.

DUFOUR.

Bien. (*Il prend Cœlina et Stephany dans ses bras et les presse
contre son sein.*)

TIENNETTE.

En vérité, je ne me sens pas d'aise. (*Faisant une révérence
à Dufour.*) Excusez, monsieur, mais je n'y tiens pas : il faut
absolument que je vous embrasse.

DUFOUR *l'embrassant.*

Excellente fille !

FARIBOLE.

Ah ! ça, on se mariera donc ?

TIENNETTE.

Sans doute.

FARIBOLE.

A la bonne heure... j'aime les nôces, moi. On danse, on
chante, et puis c'est une occasion de montrer ses petits talens pour les cérémonies. Mais, parbleu, à propos de cérémonies, puisque voilà un méchant de moins et des heureux
de plus, c'est bien le cas ou jamais de nous réjouir. M. Dufour est trop fatigué pour retourner de suite à Sallenche ; pas
vrai, monsieur ? Pendant qu'il va se reposer, le père Michaud
nous chantera une ronde. Hein ! qu'en dites-vous ?

TOUS.

Oui... oui...

FARIBOLE.

Allons, père Michaud, quelque chose de joli.

MICHAUD.

M'y voilà. (*Tout le monde danse en répétant le refrein.*)

RONDE.

AIR : *Un rigodon, zig, zag, don, don.*

Vous le voyez, mes chers amis,
  De l'ombre en vain l'on couvre,
Les crimes que l'on a commis ;
  Tôt ou tard ça s'découvre.
Soyons bons, francs, vertueux ;
Faisons souvent des heureux ;
  Alors gaîment on danse
    Le rigodon
Zig, zag, don, don.
Rien n'échauff' la cadence
Comme un' bonne action.

Ne r'poussons jamais l'indigent
     Qui nous peint sa disgrace ;
Demain un r'vers, un accident,
     Peut nous mettre à sa place.
   Soyons toujours généreux ;
   Quand on a fait un heureux,
     Bien plus-gaîment on danse
          Le rigodon
     Zig, zag, don, don,
     Rien n'échauff' la cadence
   Comme un' bonne action.

Bien des gens croyent trouver l'bonheur
     Au sein de la richesse ;
Mais il n'est qu'dans la paix du cœur
     Sans ça point d'allégresse.
   Aux champs tout comble nos vœux ;
   On voit, on fait des heureux ;
     Soir et matin l'on danse
          Le rigodon
     Zig, zag, don, don,
     Rien n'échauff' la cadence
   Comme un' bonne action.

(On forme un tableau grotesque et la toile tombe.)

F I N.